តោះបង្ហោះខ្លែង

ដោយ Rochak Dahal

គូររូបដោយ Shanta Hitang

Library For All Ltd.

កោះបង្កោះខ្លែង

រសៀលម្ដួយ ជីវ៉ាន់កាន់ខ្លែងទៅ ដៃហើយនិយាយដោយសប្បាយចិត្ត៖
-គោះខ្លែង!...ថ្ងៃនេះយើងហោះលេងឱ្យ សប្បាយ!...
តែធ្វើម៉េចបានឯងអាចហោះបានរហូត!...

ភ្លាមនោះរាំមិឡា ដែលជាបងស្រីរបស់ជឺ
រាំន់ក៏ឆ្លើយតបៈ
-ងងត្រូវការខ្យល់ដើម្បីបង្ហោះខ្លែងនេះ!...

ជីវ៉ាន់លាន់មាគ័៖ ខ្យល់!...
អូហ៍អ៊ីចឹងខ្ញុំនឹងផ្ទុំខ្យល់ដើម្បីឱ្យខ្លែង
នេះរ៉ាហោះ។

បន្ទាប់ពីផ្ដុំហើយ ខ្លែងនៅតែមិនហោះ។ ជីវ៉ាន់សម្លឹងទៅខ្លែងដោយឆ្ងល់៖
-ហេតុអ្វីខ្លែងនៅតែមិនហោះ?

ជីវ៉ាន់គិតក្នុងចិត្តថា៖ -ប្រហែលមកពីខ្យល់
មិនគ្រប់ទេដឹងបានជាខ្លែងមិនហោះ។
អូ! ខ្ញុំនឹងប្រើឲ្យិតតួចនេះដើម្បីបក់
ខ្លែងឲ្យហោះ។

ខ្លែងនៅតែមិនហោះ។ ជីវ៉ាន់សម្លឹង
ទៅខ្លែងដោយឆ្ងល់៖ - ខ្ញុំបានយកធ្មិត
បក់ហើយតើម៉េចក៏ខ្លែងនៅតែមិន
ហោះអ៊ីចឹង!...

ជីវ៉ាន់រអ៊ើ៖ ម្តេចនៅតែខ្យល់មិនគ្រប់
ទៀតហ្ន!... អ្ន!...ខ្ញុំនឹងបើកកង្ហារបក់វិញ
មើល!...វ៉ៃវ៉...វ៉ៃវ៉...វ៉ៃវ៉!...

ខ្លែងនៅតែមិនហោះ ធ្វើឱ្យជីវ៉ាន់មាន
ការព្រួយបារម្ភដោយគិតថាខ្លែងរបស់
គេមិនអាចហោះបាន។

ពេលជីវ៉ាន់កំពុងពិបាកចិត្ត
ស្រាប់តែខ្យល់បានបកមករវិចៗ ហើយ
ខ្លែងដែលនៅនឹងដែរបស់ជីវ៉ាន់ក៏ចាប់
ផ្ដើមហោះតិចៗ

ខ្យល់ក៏ចាប់ផ្ដើមបក់មកកាន់តែខ្លាំង ហើយខ្លែងរបស់ជីវ៉ាន់ក៏ហោះកាន់តែខ្ពស់ ទៅៗលើមេឃ។

អ្នកអាចប្រើសំណួរទាំងនេះដើម្បីនិយាយ អំពីសៀវភៅនេះជាមួយគ្រួសារ មិត្តភក្តិ និងគ្រូរបស់អ្នក។

តើអ្នកបានរៀនអ្វីខ្លះពីសៀវភៅនេះ?

ពិពណ៌នាសៀវភៅនេះក្នុងមួយពាក្យៗ។ កំប្លែង? គួរឱ្យខ្លាច? ចម្រុះពណ៌? គួរឱ្យចាប់អារម្មណ៍?

តើសៀវភៅនេះធ្វើឱ្យអ្នកមាន អារម្មណ៍យ៉ាងណាពេលអានចប់?

តើមួយណាជាផ្នែកដែលអ្នកចូលចិត្ត ជាងគេនៃសៀវភៅនេះ?

ទាញយកកម្មវិធីអ្នកអានរបស់យើង។
getlibraryforall.org

អំពីអ្នករួមចំណែក

បណ្ណាល័យសម្រាប់ទាំងអស់គ្នា ធ្វើការជាមួយអ្នកនិពន្ធ និងអ្នកគំនូរមកពីជុំវិញពិភពលោក ដើម្បីបង្កើតរឿងប្លែកៗ ពាក់ព័ន្ធ និងគុណភាពខ្ពស់សម្រាប់អ្នកអានវ័យក្មេង។

សូមចូលមើលគេហទំព័រ libraryforall.org សម្រាប់ព័ត៌មាន ចុងក្រោយបំផុតអំពីព្រឹត្តិការណ៍សិក្ខាសាលារបស់អ្នកនិពន្ធ គោលការណ៍ណែនាំការដាក់ស្នើ និងឱកាសថ្មីប្រឌិតផ្សេងទៀត។

តើអ្នកចូលចិត្តសៀវភៅនេះទេ?

យើងមានរឿងដើមដែលរៀបចំដោយអ្នកជំនាញរាប់រយ រឿងទៀតដើម្បីជ្រើសរើស។

យើងធ្វើការក្នុងភាពជាដៃគូជាមួយអ្នកនិពន្ធ អ្នកអប់រំ ទីប្រឹក្សាវប្បធម៌ រដ្ឋាភិបាល និង NGOs ដើម្បីនាំមកនូវ សេចក្តីរីករាយនៃការអានដល់កុមារគ្រប់ទីកន្លែង។

តើអ្នកដឹងទេ?

យើងបង្កើតផលប៉ះពាល់ជាសាកលក្នុងវិស័យទាំងនេះ ដោយប្រកាន់យកគោលដៅអភិវឌ្ឍន៍ប្រកបដោយចីរភាព របស់អង្គការសហប្រជាជាតិ។

libraryforall.org